An Interesting Motive

Interesantan motiv

Short Stories with Vocabulary Section
for Learners of Croatian

Level 6: First Language – C2

3. Edition

Ana Bilić

INTRODUCTION

An Interesting Motive / Interesantan motiv from the series Croatian Made Easy is a reader for learners of the Croatian language. It is a mini novel with a vocabulary list at the end.

Level 0: Easystarts - up to 400 words (A1)
Level 1: Beginners – up to 800 words (A1-A2)
Level 2: Intermediate – up to 1200 words (A2)
Level 3: Advanced – up to 1700 words (B1)
Level 4: Perfection – up to 2200 words (B2)
Level 5: Perfection Plus – up to 2800 words (C1)
Level 6: First Language – up to 3500 words (C2)
Level 7: Standard Literature – without vocabulary section

The books from the series *Croatian Made Easy* are designed as reading materials that will help students of Croatian grow their vocabulary and enhance their command of the language. Each book is a mini novel whose theme, grammar and vocabulary are tailored to a specific study level – for easystarts, beginners, intermediate, advanced, perfection, perfection plus, first language and standard literature. Here are some indicators to help you decide what your level is:

Easystarts – Learners who can use Croatian in the present tense.

Beginners – Learners who can use Croatian actively in the present tense and have passive understanding of the future and perfect tenses.

Intermediate – Learners who are able to actively use the present, future and perfect tenses.

Advanced – Learners who actively use the present, future and perfect tenses and have passive understanding of the aspects of the verbs.

Perfection – Learners who actively use the present, future, perfect tenses and aspects of the verbs.

Perfection Plus – Learners who actively use the present, future, perfect tenses and aspects of the verbs and have passive understanding of phrases and colloquial language.

First Language – Learners who actively use the present, future, perfect tenses, aspects of the verbs, phrases and colloquial language.

Standard Literature without vocabulary section

For more information about other mini novels, please visit the website:

www.croatian-made-easy.com

Some tips for easy reading

1. Omitted subject – look out for the verb

Always look out for the verb in a sentence and note how it ends. This is very important as the subject is often dropped, and there are words which look like a subject but are not in fact one. This is the case with "mi" and "ti". Both are not only used in the subjective case ("we" and "you"), but also in the objective case ("me", "you" as an object). It is therefore best to start out by looking at the verb and finding out to which (grammatical) person it refers:

Možeš *mi* dati knjigu? – Can **you** give/hand *me* the book?

Šaljemo *ti* pismo. – **We** send *you* the letter.

2. Open the vocabulary list/dictionary right away or not?

This depends on whether you just want to read the information in the text, or if you also want to learn the vocabulary contained in it. If you only want to read the text, it is better not to look for help in the dictionary right away. Each sentence will contain some words you know, and you can try and guess what the rest means in the given context. Even if the sentence does not make sense, try to go on and read the next one, and maybe the broader context will help you understand. Only if it still does not work should you consult the dictionary. But if you are reading the text to expand your vocabulary, you should look up all new words to avoid memorizing any incorrect meanings.

3. Do I need to know adjectives at all?

To get a rough idea of the basic story, adjectives are not the top priority. To understand the text fully and enjoy reading it, adjectives are essential.

4. Words with two meanings

These words may be irritating to some readers. Some examples include:

"i" and; also

I ja želim čitati knjigu. *(verbatim)* Also I want to read the book.

"trebati" – shall, should; need

"vrijeme" – weather; time

"se" – myself, yourself, etc.; one (impersonal subject)

– And the list goes on.

It is useful to make a note of such words to avoid getting confused.

SADRŽAJ - CONTENT

LANAC LJUBAVI

Moja majka kaže da je ljubav prema bližnjem poput lanca koji na najljepši način povezuje ljude. Čovjek voli svog bližnjeg i taj bližnji voli svog bližnjeg. I taj voli sljedećeg bližnjeg. I lanac se tako širi. Ona kaže također da, da bi čovjek mogao da bude voljen, treba pokazivati ako već ne može ljubav a ono bar razumijevanje za svakog u tom lancu. Imati bar razumijevanja za drugog znači da smo na pravom putu da postanemo ispravni ljudi, a kasnije možda i voljeni. I moja majka mi stalno tupi, jer ja – sada kad sam u pubertetu – ne smijem zaboraviti «osnovne stvari u životu» kad me «hormoni tako tresu». Ja doduše nisam primijetio te hormone, ali svi pričaju o tome pa vjerojatno je to negdje blizu i postoji u mojem tijelu ili oko mene.

Ali ja Vam odmah mogu reći da ja volim ljude. Da nisam «bezobrazan», «isti otac» ili «nezajažljiv», kako moja majka tvrdi. No ono što ne volim su mačke. I to tuđe mačke. Tuđe mačke su lijene, bezobrazne i nezajažljive. Za hranu i spavanje spremne su učiniti sve. Ali mačke srećom nisu ljudi. One pripadaju njihovim vlasnicima. A oni su ljudi. Koje ja volim ... Ne, za koje ja trebam imati «razumijevanja i tolerancije». I tu je moj problem što se tiče lanca ljubavi.

Na primjer:

Ja volim moju tetku Tonku, ona je izvanredan čovjek – uvijek vesela, poduzetna i dobroćudna. I ona mene voli. Tetka ima prijateljicu imenom Mirjana. Ja poznajem Mirjanu i nalazim je vrlo simpatičnom, pogotovo kada se smije. Ona se smije kao školarka – otvoreno i bez ustručavanja. I ona mene smatra simpatičnim – ja je nasmijavam. Mirjana ima brata, Jožu. Mirjana voli svog brata Jožu i ima razumijevanja za njegovu slabost, za njegovu ljubavnicu. Barbara, ljubavnica, mlađa je od Jože osamnaest godina, već pet godina je bez posla i voli putovati. Pri tome Joža ima ženu i dvoje djece. Ali oni naravno ne putuju s njima. Joža jako voli Barbaru i zato financira putovanja i uzdržava Barbaru. Joža ima veliku firmu. Za Jožu moja mama kaže da je on u jednoj vrsti produžene krize srednjih godina, ali za Barbaru kaže da je tako bezobrazna, uvijek debelo našminkana, ima visoko natapiranu frizuru i smije se na sve što netko kaže, i da je ona... ona je ... no dobro, ona je imala teško djetinjstvo, čovjek ne treba biti prestrog prema ljudima – tako kaže moja mama.

Barbara stanuje u mojem susjedstvu i ima mačku. Mačka se zove Mimi. Mimi je mršava i okretna mačka koja je sprijateljena s Mikijem, mojim mačkom. Da, ja imam mačka iako ja ne volim mačke. Ali Miki nije kao ostale mačke. Miki je nešto drugo. On nije lijen i nije bezobrazan niti nezajažljiv. On se voli igrati, sluša kad mu kažem da me ostavi na miru i ne uzima hranu koja nije njegova. Ponekad mislim da on može govoriti, ali to je, naravno, djetinjasto vjerovanje.

Dakle, Mimi i Miki. Oni su zajedno. Oni se,

pretpostavljam, vole, na mački način. Inače ne bi imali gomilu mačića koje Barbara velikodušno poklanja okolo. Ja sam već rekao Barbari da prestane dijeliti mačiće, za mene to nije humano. Kako bi bilo kad bih ja dijelio njezinu djecu okolo? Ona se treba pobrinuti za to da Mimi više ne dobiva mačiće. Da se prestane tjerati i kotiti. Ali Barbara kaže da njezina Mimi voli voditi ljubav i da sam ja samo zavidan na tome. Ja?! Na mačjem seksu?! Ona zbilja nije normalna! Onda mi je ona rekla da se ne trebam praviti blesav, on me je vidjela kako promatram njezinu mlađu sestru. Njezina sestra Sonjica je mlađa godinu dana od mene i ponekad dolazi kod Barbare. Onda Sonjica nema pametnijeg posla nego mi bacati kamenčiće na prozor i onda, kad se pojavim, reći mi: «Što me gledaš? Zar nisi nikada vidio ženu?» - Ženu? Kakvu ženu?! Ona je obična balavica. No to Barbara gleda drugačije i sve pripisuje meni. Sve zbog njezine glupe mačke! Ti ljudi – oni su zbilja bolesni! I sada ja trebam voljeti bližnje? Kako, molit ću lijepo? Nema teorije. Jer nije lijepo «raskinuti nego jačati lanac ljubavi», kaže moja majka. Ali kako čovjek može ostati ispravan kraj drugih ljudi? Ako kažem što mislim, onda sam drzak i ne shvaćam. Ako ništa ne kažem, onda sam nesretan i mrzim ljude. Što da činim? To s lancem ljubavi – to je stvar koja stoji na putu mog odrastanja. Jako nepravedna i skroz čudna stvar.

IZVJEŠĆE S ODMORA

Prije par godina bili smo na godišnjem odmoru na Kanarskim otocima. Zvuči sjajno, zar ne? Egzotično. Naravno. Kad sam u familiji ispričao da idemo na godišnji odmor na Kanarske otoke, svi su nas značajno pogledali i rekli: Ooooo, Kanari… Bravo. Tko ima, ima. – No moj problem je što ja volim da se odmorim na godišnjem odmoru. Ja ne volim da se odmaram poslije godišnjeg odmora, kad dođem kući. Imate i Vi sličan problem? Ako imate sličan problem – ako je i za Vas godišnji odmor stres, muka i napor, onda trebate posjetiti Kanarske otoke. I to onaj turistički dio u masovnom obliku. Kanarski otoci u masovnom turizmu su iskustvo koje ne smijete propustiti. Ono će Vam obogatiti Vaš život, postavit ćete si pitanje koje često postavljate nakon svog godišnjeg odmora, a to je: zašto sam uopće išao na godišnji odmor? Što mi je to trebalo u životu?

Naime:

Stvar je provjerena kod tisuće i tisuće ljudi. Hoću reći: turista. Tisuće i tisuće turista ZNAJU da su Kanarski otoci raj na zemlji. I svi odlaze u raj na zemlji. Svakim satom stižu horde turista užarenih očiju i punih novčanika u krcatim avionima i preplavljuju sve moguće i nemoguće hotele, pansione, apartmane, sobe i privatne smještaje. Pa sad povežite: puni novčanici i glad za neviđenim. Posljedica: mnoštvo trgovina, prodaja asortimana sve robe koja postoji na svijetu, gužva, suveniri, dnevni rituali ka dućanima, jeftino. Ono što doduše čovjek radi kod kuće subotom, ali tamo je to sve potencirano.

To se naravno može izbjeći. Ni kod kuće čovjek ne mora ići svaku subotu u tjednu kupovinu. Može odbiti poslušnost konzumentskom ludilu i reći: Vi kako hoćete, ali danas me nećete dobiti u trgovinu! – Ako to uspijete na Kanarskim otocima, onda ste na dobrom putu ka prosvjetljenju. U pet sati poslijepodne počinje cirkus: barovi i restorani se otvaraju, muzika svih stilova i pravaca počinje treštati iz zvučnika, ponuđena roba zakrčuje ulice i prolaze za ljude, djeca vrište od umora, omladina se počinje napijati, stariji ljudi se muvaju kao ludi među normalnima, animatori za restorane se takmiče u šizofreničnom vabljenju turista. To ne možete doživjeti kod kuće. Novo iskustvo, nova konfrontacija, nove spoznaje.

Ako niste bili u Las Vegasu, ne trebate tamo ni ići. Otiđite u jeftina turistička naselja na Kanarskim otocima: tamo gdje je nekada bila pustinja, sad su iznicali hoteli kao gljive poslije kiše. Veliki, mali, komforni, povoljni, skupi, čisti, manje čisti, rustikalni, suvremeni, svjetski i manje svjetski. Ali svaki, molim lijepo, ima bazen na otvorenom. Kao na filmu – svugdje okolo suha pusta zemlja, divlji ogroman ocean, a Vi – u oazi s bazenom!

K tome treba dodati klimu. Klima je – rajska! Temperatura u kolovozu između 26 i 30 stupnjeva. A gotovo na ekvatoru! Razlog je naravno atlantska klima. Divota! Neviđena divota! – Ali ima i jedna kvaka. Iako je temperatura bogom dana, sunce sjaji jednako jako. Što znači: za pola sata ste ispečeni kao pile na ražnju ako se dobro ne naulje, ne pokrijete ili ne maknete sa sunca. Morate imati na umu da se radi o iluziji. Ono što u filozofiji kažu – sve je iluzija –, ovdje dobiva potvrdu.

Najinteresantnije uspomene zadržat ćete kad upoznate domaće stanovništvo. Njega ne možete promašiti jer svo stanovništvo radi u turizmu. Njih je zapravo premalo za vojske turista koji nemilosrdno otkidaju svoj komad kolača u projektu zvanom godišnji odmor. Da bi domaće stanovništvo preživjelo navale, ono je moralo izgraditi potpuno novi stav prema životu i prema ljudima. Ono je napustilo ono ponašanje koje možemo naći u nekim turističkim zemljama: bezobrazluk, aroganciju i pljačku. Domaći na Kanarskim otocima su ljubazni, zabavljeni svojim poslom, uslužni, govore strane jezike i pošteni su. Ako ćete možda doživjeti neko neugodno iskustvo, znajte – to nije domaći čovjek.

Dakle: ako ste svaki put poslije godišnjeg odmora umorni kao pas, ali i dalje idete na daleka nepoznata mjesta samo zato da Vam se u familiji dive, onda Vam treba ono što i meni – kap koja će preliti čašu. Ako se ne možete opustiti – a kako moja žena kaže da ja to nisam u stanju nego da samo „tražim razlog da se svađam“ –, onda možete uzeti moj recept što se tiče promjene stava o godišnjem odmoru: posjetite Kanarske otoke u špici sezone u masovnim turističkim naseljima. To će zasigurno promijeniti Vaš stav o godišnjem odmoru.

ŠARAFI

Kako su ljudi postali ljudi, pitanje je koje muče znanstvenike, filozofe, teologe i obične (znatiželjnije) ljude već stoljećima. Što je to bilo tako presudno da su se ljudi izdignuli iz životinjskog svijeta? Što je to čovjek napravio što mu je promijenilo svijest?

Ja mislim da su to bili šarafi.

Da, šarafi.

Zvuči čudno, ali ako detaljnije analiziramo povijest, vidjet ćemo da to uopće nije tako nelogično. Ako analiziramo povijest – i to ne onu povijest koju smo čuli u školama, koja stoji u knjigama i o kojoj se priča, nego jednu drugu povijest – doći ćemo upravo do šarafa. Oficijelnu povijest pišu pobjednici i u njoj ne stoji cijela istina, na nju se čovjek ne može osloniti. Ja mislim na onu povijest koja je skrivena i nenapisana. Ona u kojoj stoji da su upravo šarafi bili skriveni ali istinski pokretači ljudskih promjena. Čak i samo NE korištenje šarafa bilo je presudno za ljudsku povijest, za ljudsku nevinost i ljudski napredak. Šarafi su bili i ostali siva eminencija čovječanstva.

Kako?

Objasnit ću na par primjera.

Svima nama poznata je priča o grčkom junaku Prometeju koji je bogovima ukrao vatru i dao je ljudima. Zbog toga ga je Zeus dao prikovati za stijenu i prepustio orlu da mu kljuca jetru. Ono što nam nije poznato su detalji kako je došlo baš do takve odluke velikog Zeusa.

Prometej je naime bio vrlo jezičav. Psovao je, vrijeđao koga je stigao, ogovarao, podmetao, intrigirao i lagao gdje god je mogao i kad god je mogao. Priča se da je čak jednom i nešto petljao sa Zeusovom ženom ... I kad je ukrao vatru, Zeus je poludio. Ono što ne stoji u knjigama i što se usmeno ne predaje među mitologičarima je ovaj detalj: prvobitna Zeusova odluka je bila da Prometeja zašarafe za stijenu i puste da ga ljudi izbave iz tog položaja. Ali prije no što su ga htjeli zašarafiti, jezičav Prometej rekao je Zeusu:

„Zeuse, to što činiš, pokazuje kako si glup. Misliš da će moja kazna vratiti vatru koju sam dao ljudima? Misliš da će ljudi i dalje biti slijepi i u mraku kao do sada? Misliš da će te se i dalje bojati?“

Oholi Zeus ja zbog toga drastično promijenio svoju presudu: Prometej neće biti zašarafljen nego zakovan za stijenu, a orao će mu kljucati jetru. Jetra će mu po noći zacijeliti tako da svakog jutra bude cijela i da je orao može iznova kljucati. Tako je Prometej postao jedan od primjera tragičnog neprimjenjivanja šarafa, primjer drakonskog kažnjavanja nekorištenjem šarafa.

I baš zato što se šaraf u našoj civilizaciji uvijek stavljao u drugi plan, šarafi su postali danas pojava koja se podrazumijeva, o kojoj se ne priča i o kojoj se ne vodi računa. Ali šaraf je znak naše genijalnosti i inventivnosti, naša zaboravljena inspiracija i jedan od prvih povijesnih pobjeda nad prirodom. On je pratilac svih evolucijskih uspona (i padova).

Narod Asami na Novoj Gvineji – koji i danas žive u uvjetima prvobitne zajednice – predao je prvim misionarima primitivne oblike željeznih šarafa koje su oteli susjednom plemenu Tarauman jer nisu znali što da rade s tim čudnim klinovima. Pošto nisu poznavali šrafciger, predali su šarafe bijelim ljudima jer su bijeli ljudi ionako u svemu vidjeli neku korist. Zbog toga Asami još i dan danas žive u primitivnim zajednicama. Bar tako tvrde neki etnolozi.

Sve velike stare države kao Egipat, Sumer, Indija i Kina znale su za šarafe, za njihovu praktičnost i vrijednost i cijena šarafa je uvijek visoko kotirala. U Siratonu, jednoj maloj državi na području današnjeg Vijetnama, u 3. stoljeću prije nove ere, šarafi su bili čak i platežno sredstvo. Ta državica je postojala vrlo kratko, oko stotinu godina, može biti i zbog toga što je ukraden kalup za izradu šarafa. On je iznesen na područje današnje Indije i iz nepoznatog razloga rastavljen na dijelove. Ti dijelovi su bili podloga teorija nekih znanstvenika koji tvrde da su zemlju posjetili marsovci još u najstarije vrijeme.

U 17. stoljeću su se počele otvarati manufakture šarafa, a početkom 20. stoljeća s eksplozijom pravaca u umjetnosti šaraf je postao predmet novog umjetničkog poimanja i tumačenja. Talijanski futuristi napravili su jedan skupni rad, skulpturu od tijesta u obliku šarafa, visoku oko deset metara i izložili ispred gostionice u jednom malom selu nedaleko Bolonje. Skulptura se zvala „Šaraf za nebo" i tumačila je spoj zemaljskog, mehaničkog svijeta i nebeskog, inspirativnog svijeta. O toj skulpturi nema tragova u umjetničkoj povijesti jer se skulptura nije dugo održala – u roku pola sata stuštili su se na skulpturu golubovi i do temelja je iskljuvali.

U psihodeličnim 70-tim godinama šarafom se proslavio Xaver Eubern, švicarski umjetnik, koji je svoje umjetničke instalacije sastavljao isključivo od građevinskog materijala. Poznata je njegova rana instalacija koju je izložio u banci u svom rodnom mjestu. U hali sa šalterima objesio je šarafe s plafona i napisao: „Izgradimo duhovnu kuću!" Bogate mušterije te banke su se pobunile protiv njegovog akta i zatražile skidanje instalacije. O tom incidentu su pisale lokalne novine, ali u vrlo neugodnom i podrugljivom tonu. Xaver Eubern se jako naljutio zbog takvog nerazumijevanja njegove umjetnosti, odselio se u Pariz i promijenio svoje ime te kasnije postao zvijezda u umjetničkom svijetu sa sličnim instalacijama.

Danas ima šarafa svih oblika, svih vrsta, svih veličina, od svih materijala, za sve namjene, za sve prigode, za sve poslove, za sva zanimanja, za sve građevine i strojeve, za djecu i odrasle. To znači da je šaraf neophodan za naš život, da je on postao sastavni i vezivni dio našeg postojanja. Bez šarafa ne bismo bili tu, gdje sada jesmo. On je oblikovao naše postojanje, naše ideje i naša ostvarenja.

Možemo li zamisliti svijet bez šarafa?

Teško. To bi bilo isto kao da izbrišemo sav tehnički napredak, od željeznog doba do danas. Bili bismo praljudi koji bi se mlatili kamenim sjekirama i živjeli u spiljama.

Ne bismo bili ljudi kakvi danas jesmo.

INTERESANTAN MOTIV

Uvijek sam se pitala kakav to motiv netko može imati da postane pjesnik. Otkad znam za sebe naime, uvijek su me pratili pjesnici. Sjećam se još u djetinjstvu, kad sam jednom s bratom bila u slastičarni na sladoledu, sjedio je kraj nas nekakav neobičan čovjek. Buljio je ispred sebe i izgovarao neke nerazumljive riječi kao da je izgubio pamet. Znam da je muzika tih riječi bila vrlo lijepa, tekla je kao kamenčići potokom. Nama, mom bratu i meni, nije bilo jasno zašto je taj čovjek izbačen iz slastičarne. Bio je doduše malo glasniji, ali za djecu je to bilo interesantno i veselo. Samo su se žene, majke, strašno uzbudile i glasno prosvjedovale: „Pjesnik! Ha! Nek´ se makne od naše djece! Tako se ne ponaša u javnosti niti jedan odrastao čovjek! Nek` izvoli napustiti slastičarnicu!“ Taj pjesnik mi je ostao u sjećanju kao da sam upoznala vanzemaljce, neku novu sortu bića, bio je jedinstven i neviđen u mojem svijetu.

Kad sam kao starija na rođendanu moga oca – na kojem smo brat i ja smjeli iznimno duže ostati – vidjela jednog susjeda koji je isto tako nizao nerazumljive riječi kao da nema sve daske u glavi i pri tome skoro plakao, i kad sam upitala je li taj čovjek pjesnik – svi su prasnuli u smijeh. Osjećala sam se, osim posramljenom, izdana: Kako su moji roditelji mogli od mene napraviti budalu kad je više nego očigledno da je taj čovjek pjesnik! Tu nije bilo sumnje! To se ne može previdjeti! – Tad sam shvatila da pjesnici raspolažu posebnom snagom koja neke familije može tako izmanipulirati da ovi ne mogu razaznati među ljudima one koji su pjesnici – iako su ovi pljunuta slika i prilika pjesnika. Da, shvatila sam da po svijetu hodaju posebne sile, sile koje su sposobne utjecati na ljudske mozgove i protiv kojih su ovi bespomoćni. Za desetogodišnje dijete bila je to prilično zastrašujuća spoznaja.

U pubertetu se kod mene probudila znatiželja u pogledu poezije – strah me je škakljao kao potisnuto kihanje i u krevetu nisam prestajala razmišljati koji ću svezak poezije posuditi u knjižnici. Znojila sam se od straha pri pomisli da otvaram knjigu poezije i da je čitam – već sam se vidjela kako gubim pamet, kako očigledne stvari više ne prepoznajem, kako za moje roditelje govorim da su pjesnici, kako za pjesnike govorim da su marsovci, kako za prijatelje govorim da su životinje, kako za susjede govorim da su mi rođaci, kako za rođake govorim da su Kinezi … Pjesničke slike su se izmjenjivale pred mojim očima kao moja stanja – poslije napada panike slijedila su stanja neobične ljubavi: osjećala sam kako mi se srce natapa nekom novom toplinom, zamišljala sam kako jedan pjesnik ulazi u moju sobu, kako sjeda na moj krevet, pita me smije li mi čitati pjesme, ja to odbijam i pozivam ga da legne kraj mene u krevet, što on i čini, pa me grli, prekriva me poljupcima, liježe na mene, spušta svoju ruku na moja koljena pa je onda povlači prema gore, osjećam vrućinu među nogama … Ne, ne, ne, nemojte me krivo shvatiti. To je bilo sve samo zbog poezije i zbog njezine snage na slabu dušu u neiskusnim godinama.

Strah od pjesnika je nestao u narednim godinama sam od sebe i pretvorila se u bezuvjetnu ljubav prema poeziji. Znam samo da s dvadeset više nisam mogla živjeti bez poezije: nije bilo dana kada nisam čitala poeziju – i to sve vrste i oblika: od elegija, balada, romanca, soneta, kancona, ditiramba do pamfletske poezije, trash poezije, anarhističke poezije, poezije grafita i sve što mi je palo u ruke.

I ne znam kada sam došla na ideju da sama pišem poeziju. U tom momentu nisam bila toga svjesna – znam samo da sam jednog dana ustala, uzela komad papira i napisala naslov „Jutro“. Što sam htjela tim činom, iz kojeg motiva sam htjela napisati pjesmu i što sam uopće htjela s njom – nisam imala blagog pojma. Znam da je sve oko mene nestalo, da sam uronila u jasnoću, u čistoću, sve je dobilo novi sjaj i novi poredak. U trenutku su se pojavile misli. Mnoštvo misli. Stajale su jedno vrijeme ispred mene i prijateljski i šutke su me gledale. Ali onda – već u sljedećem momentu, misli su počele režati kao gladni psi, gurali su se prema meni, njihova lica su postala zla i opaka. I već kad sam zauzela borbeni stav, u tom momentu sam vidjela kako se zajedno s tim mislima pojavile slike, jarkih boja, neumoljive, lude, izokrenute, i vidjela sam kako i one navaljuju na mene kao da ih je netko izdrogirao i nahuškao na mene. Počelo mi se mračiti u glavi i pred očima. Viknula sam oštro i zapovjednički da budu mirne, da se tako ne može raditi i pisati poezija, da neka sve misli izvole stati u red i da jedino disciplinom možemo nešto napraviti.

Ali na to su se misli i slike počele ponašati kao da ih je tek sad spopalo pravo ludilo: jedne su počele vrištati kao majmuni, jedne su se bacale po podu kao da imaju epilepsiju, neku su skakale kao lopte, neke su se topile same od sebe kao led, jedna slika je porađala drugu, jedna slika se bacila na neku slabu misao i htjela ju je rastrgati u komadiće, neke slike su si umislile da su riječi i počele su se ukalupljivati u nevidljive šablone, neke su se pravile invalidi i zahtijevale su od mene da se brinem o njima. Jednom riječju – strašno!

Zamolila sam ih još jedanput, sad povišenim tonom, da se srede i da se ponašaju razumno. Ali misli nisu ni trznule na moje riječi. Tu me je uhvatio bijes, trbuh mi se stisnuo i izbacio me iz takta – počela sam šamarati misli, udarati ih po leđima, po nogama, bacati ih na pod i tako siliti da se primire. Vukla ih po podu i vrištala „Prestanite!“, podmetala nogu onima koje su htjele pobjeći, vezivala ih da ih skupim na jedno mjesto. Za one upornije i neukrotive nije mi bilo druge nego da se latim oružja: jednu misao sam ranila nožem, jednu sam usporila strijelom u leđa, jednu sam upucala pištoljem, jednu sam polila vrućim uljem, jednu sam gurnula u provaliju. O bože, kako mi je bilo teško! Bože, nisam ni slutila što se sve mora učiniti da se misli dovedu u red. Niti što su ove sve u stanju napraviti ako im se dade sloboda. A ja sam ih htjela lijepo poslagati, staviti u pjesmu, u lijepu pjesmu, naslov „Jutro“ je lijepi naslov za pjesmu, zar ne, ali one – to je monstruozno, to je neopisivo, to je … ne, nemam riječi.

Uglavnom, pjesmu nisam napisala. Ali nisam odustala

od pisanja poezije. Prvi neuspjeh me nije dao zastrašiti. Drugo jutro sam opet uzela komad papira i napisala novi naslov „Novi dan". Očekivala sam bujicu misli i slika koje će se stuštiti na mene i oduzeti mi razum. Ali – mislima ni traga ni glasa. Niti jedne jedine! Živa pustinja. Sad sam se bolje ogledala, koncentrirala se ne bih li neku ugledala, neku primijetila, bar registrirala, ali – ništa. Nema i nema.

I onda mi je sijevnulo – pa da! Kako bi ih i bilo kad sam jučer napravila ono što sam napravila – masakr! Kako me ne bi izbjegavale! Desetkovala sam ih kao štakore, osakatila, ponizila, prevarila ih u njihovom smislu. Morale su se skloniti od mene i od moje krvave diktature pjesništva!

I tu sam shvatila da ja zapravo i nisam baš za pisanje poezije, da poeziju trebam ostaviti pjesnicima. Za pisanje poezije treba nadljudski napor: kako da čovjek objasni svojim mislima da želi SAMO da lijepo izglancane i sređene izađu van, smjeste se u pjesmu i tamo zablistaju. Da, to je herojski podvig. Shvatila sam zašto pjesnici sjede onako izgubljeni po lokalima, govore nerazumljive stvari i nitko ih ne shvaća – u takvoj borbi svaki atom snage i svaki moment može biti od presudnog značaja. I tko želi biti dobar pjesnik, taj mora dati sve od sebe da postane i ostane takav.

Nema nekog posebnog motiva zašto se pjesnici ponašaju tako kako se ponašaju – oni se MORAJU tako ponašati. Jer su pjesnici.

DAN ŽENA

Koja je razlika između žena i muškaraca?

Žene su lijepe. Božansko, mistično, bajkovito lijepe. One su bile uvijek lijepe i one su još uvijek lijepe. Svaka žena je skroz naskroz lijepa. Svejedno kako izgleda: visoka, mala, plava, smeđa, mršava, debela, dotjerana, puna, zdepasta, bijela, crna ili žuta. Tako je od početka čovječanstva, tako je i danas. I taj opće prihvaćeni nalaz ponekad mi jako pomaže. Pogotovo ujutro. Kad se pogledam u ogledalo i pomislim – što da radim. I kad se pitam hoće li mi i ovaj dan biti kao i jučerašnji – deprimantan, vrijedan žaljenja i kukanja, jadan i bijedan. Da ne pričam o mojim podočnjacima, masnoj kosi, raspucanim usnama, natečenim očima i sivom tenu. Ali onda mi odgovara moj odraz u ogledalu: «Svaka žena je lijepa! Lijepa kao planinsko jezero, kao cvijet, kao vjetar, kao nebo, kao svjetlo. Žena je prekrasna kao ljubavna pjesma, tajnovita kao vila i nedostižna kao vječnost. Ona je jednostavno ... predivna.» I tu se ja nasmijem cijelim srcem. Sreća da sam žena.

Žene mogu rađati. To je bilo iznenađenje za mene. Kad sam bila mala, nisam to znala. Nitko od nas djevojčica to nije znao. Sve smo znale da mame imaju djecu, ali da žene trebaju rađati – o tome nismo imale pojma. Sve smo htjele biti samo ono što nam je palo na pamet. Jedna djevojčica je htjela biti astronaut. Ali jedan dječak joj je na to odmah rekao da to ne ide. Zašto ne? Zbog težine. Jedanput mjesečno žene postaju lakše i zato mogu u svemiru lako odletjeti i više nikad se ne vratiti. I dječak je imao pravo – ta djevojčica nije postala astronaut. Ja sam htjela biti vlakovođa kao moj tata, ali nisam postala vlakovođa. Ja sam postala domaćica.

No da, žene su senzibilne, osjetljive i nježne. Da, nježna stvorenja – pogodna za nježna zvanja. Ali tu sam malo zbunjena. Na primjer – glazba. Glazba je osjećajno i tankoćutno zanimanje. Nešto za žene. Ali tu moram upitati: poznajete li naprimjer u povijesti neku svjetski poznatu skladateljicu? ... Ne? No dobro, neku europski poznatu skladateljicu? ... Ne? ... Bilokakvu?... Nikakvu? ... No dobro. – Mogu dalje nabrajati? Uzmimo kiparstvo. Poznajete li neku kiparicu u povijesti umjetnosti? Poznatu? Ne? Ni ja.

No dobro. Žene su zato u literaturi bile junakinje i heroine. Već od starih vremena, u antičkim dramama. Ali uzmimo par primjera iz suvremenije literature, od 19. stoljeća nadalje: madam Bovary, Nana, Ana Karenjina ... Ali k tome se mora dodati: sve su te romane napisali muškarci. Da su te knjige napisale žene, ne vjerujem da bi se Ana Karenjina bacila pod vlak, nego bi pod vlak gurnula svog ljubavnika i sigurnosti radi provjerila da nije kojim slučajem preživio. Ali sumnjam da bi takva knjiga u ondašnjim društvenim okvirima postala bestseler.

Danas ipak ima nešto što žene imaju i po čemu se razlikuju od muškaraca. Žene imaju Dan žena. Mi slavimo svake godine taj dan, ali ne smijemo pri tome zaboraviti i druge slavljeničke dane: Dan ljevorukih, Dan nepušača, Dan daltonista, Dan planinara, Dan dimnjačara. Mnoge. Na te se dane želi ukazati na teški položaj određene, male i nesretne grupe i skrenuti pažnju na aktuelne probleme naših bližnjih. Tako je i sa ženama. Iako žene čine polovicu svjetskog stanovništva.

Moja majka bi na to rekla: «Bolje uzmi što ti se pruža.» Tu ona ima pravo. Ali ja smatram da to nije u redu u odnosu na muškarce. I oni trebaju imati svoj dan. Postoji Dan očeva, ali nisu svi muškarci očevi. I bilo bi nekako fer kad bi došlo vrijeme kad bi muškarci, kao mala i neshvaćena grupa, imali svoj dan. Kad bi slavili dva Dana – Dan žena i Dan muškaraca.

Jer ja sam konačno za ravnopravnost.

.

NEŠTO VRIJEDNO ŽIVLJENJA

Zamislite da čovjek nema lica. Da nitko od nas nema nikakvo lice.

Pošto kosa ne bi imala prepreka, rasla bi preko cijele površine lice. Nastavila bi svakako dalje rasti tako da na kraju čovjek ne bi imao glavu nego veliku kosatu loptu na ramenima.

Kako bi čovjek živio s takvom glavom?

Drugačije.

Što se tiče očiju, to bi se dalo nekako riješiti – i ljudi koji ne vide, žive i gledaju svijet na svoj način. Nos bi trebao imati neku zamjenu – umjesto nosa trebali bismo imati škrge, kao kod riba. Problem s ustima bi se isto tako mogao riješiti – čovjek bi se trebao umjetno hraniti, preko sondi s tekućinama koje sadržavaju za život nužne vitamine i minerale. Onako kako se hrane teški pacijenti u bolnicama. Dakle – škrge, sonde, sljepilo. Da, čovjek bi morao patiti. Da bi prebolio tu neprirodnost, čovjek bi trebao imati stav da je takvo tijelo jedina mogućnost da se živi. Druge nema.

A sad si zamislite da zaista nemamo lica!

Da na ramenima imamo kosatu loptu koja ničemu ne

služi nego samo da se skupljaju buhe. Da imamo škrge zbog koje svako malo moramo bućnuti u rijeku ili u neku vodu da bismo skupili snagu. Da dnevno i doživotno moramo posjećivati bolnice da ne umremo od gladi. I da gledamo svijet tako da ga opipavamo rukama i da želimo samo jedno: da naša djeca imaju oči. Da, u takvom životu čovjek bi zasigurno trebao dugo dok ne bi našao sreću i zadovoljstvo.

A sad si zamislite da umjesto kosate lopte na ramenima imamo glavu koja je podijeljena na dva dijela: jedan dio s kosom i jedan dio bez kose. Da na sredini dijela bez kose imamo nos kroz koji možemo disati. Lijevo i desno od nosa imamo dva oka s kojim možemo vidjeti boje oko nas. I ispod nosa imamo usta u koja možemo staviti hranu i uliti tekućinu. I, da ne zaboravimo, s kojim se možemo smijati. Ako želimo.

TO je vrijedno življenja.

RITUAL OPRAŠTANJA

„Draga moja,

Ovo sam ti zaboravila reći kad smo se zadnji put vidjele. Tako smo puno pričale i tako sam puno plakala da sam ti zaboravila reći ono što obavezno moraš napraviti. Nemoj zaboraviti ritual opraštanja. Trebaš napraviti nekoliko stvari, ekstra stvari, koji će zaključiti tvoj boravak na ovom mjestu. Bez njih čovjek bi mogao bezglavo juriti s mjesta na mjesto a da ne zna pravo u glavi gdje je i kamo ide.

Ali prije no što ti napišem što je ritual opraštanja, jedno ohrabrenje:

Budi hrabra što se tiče preseljenja stvari! Da. Najteži dio posla je sa stvarima. Znam. I ja sam se selila nekoliko put prije nego sam se skrasila u Vinkovcima. Što smo sve nagomilali u svojim životima! Bože moj, to ni na nekom smetlištu nije tako raznovrsno kako je u mojim ladicama, ormarima, ostavama, mapama, hrpama papira, bankovnim računima, itd. Nemoj da te obuzme ludilo kad jednom to završiš! Nemoj se prepustiti snažnoj energiji sređivanja stvari na ovom svijetu. Nemoj u svom ludilu otići kod rodbine i početi spremati i njihove ormare i podrume! Kao što sam ja jednom napravila. Mi smo ipak samo obični ljudi, imamo razum, imamo inteligenciju. Mi se možemo obuzdati, ne smijemo vrištati: Želim pobacati svo smeće! Ne. Ti se trebaš oslobodili samo vlastitog smeća. Ne tuđeg, kao što sam ja to htjela. Spomenula si mi da se i tvoja susjeda s petog kata uskoro seli. Ako kojim slučajem ona poželi da pospremi tvoje stvari, onda ona mora prvo da te zamoli za tako nešto. A ne, kao ja, da to radi bez pitanja. Znam, glupa stvar, ali tako je. To je preduvjet.

Moraš dakle obaviti vlastiti ritual opraštanja. Ne mislim pri tome da trebaš otići do tvog susjeda Žarka koji ti je zagorčavao život i zapaliti mu tepih pred vratima. Ne. Mislim na ovo: otiđi na šetnju najljepšim predjelom grada, udahni taj zrak još jednom, ureži si u pamćenje sliku, promatraj kakav ti je poklon vrijeme pripremilo i – ponesi to sa sobom. Kao dobrodošlicu u Zagreb.

Pozovi sva nevidljiva bića koja su te cijelo vrijeme pratila dok si bila u ovom gradu i zahvali im se za pomoć. Ti ih možda nikad nisi vidjela pa nisi sigurna je li to na mjestu. Jeste, to je na mjestu. Znam. To što ih nisi vidjela, to je razumljivo – i sama znaš kako su naše oči varljive. – E, kad to napraviš, onda ih zamoli da se dalje brinu o tebi. Ona će se jako veseliti.

Na kraju: fotografiraj se. Napravi tvoj portret s nazivom: „Ovo sam ja kad sam odlazila“. I dodaj: „Ovakva neću biti nikad više“. – Ako te pri tome uhvati tuga ili žalost – sjeti se jedne istine: „Sve prolazi.“ Ako te uhvati radost i sreća, sjeti se opet jedne istine: „Sve prolazi.“ Dakle, ono što ti ostaje i nakon fotografiranja i pri odlasku je misao koja ti može pomoći da preživiš ovaj život koji izgleda kao kaos: prepusti se promjenama. – I ja to upravo radim jer mi je teško što te više neću vidjeti.

S ljubavlju,

Anita“

PROBLEMATIKA STRANOG JEZIKA

Ja sam mišljenja da čovjek treba svoj posao obavljati pošteno i predano. To znači s radošću, pažnjom, strpljenjem i ljubavlju. Drugim riječima: čovjek treba voljeti svoj posao. – Ja volim svoj posao. Ja predajem njemački jezik u školi, i to godinama. Ali ne znam koliko puta sam se naljutila, što na moje učenike što na sebe samu, što ni nakon bezbrojnih ponavljanja moji učenici još uvijek ostaju zaprepašteni gramatičkim pravilima kao da sam ih svaki put htjela iznova uvesti u finese više matematike. Prebacivala sam si da moje metode nisu prikladne kad ne rađaju plodom, prebacivala sam učenicima što su nezainteresirani, a molim lijepo!, samo nas artikulirani jezik dijeli od životinja, prebacivala sam problem na roditelje, na školu, na državu, na kulturu, na cijelo čovječanstvo koje se tako ignorantski ponaša prema mojem naporu. No sve to mi nije pomoglo da smanjim osjećaj razočarenja i iscrpljenosti u poslu.

Ali onda, jedne noći, kad nisam mogla zaspati zbog loših školskih zadaćnica – tad sam nešto shvatila. Problem nije ležao u metodama, učenicima ili jeziku, problem je ležao u «štofu» koji sam predavala! Ja uopće nisam pridavala pažnju RIJEČIMA koje sam predavala. Ignorirala sam ono što sam trebala podučiti: otuđila sam riječi od njezine biti i od njezine svrhe, svela na građevinski materijal za slaganje rečenica i obezvrijedila do brojnih nalistanih pravila.

I kad sam to uočila, počela sam drugačije razmišljati o cijeloj priči zvanoj jezik. Riječi se trebaju poštivati, dozvoliti im da žive, da imaju vlastiti identitet i da nas obogate. U suprotnom one nam nikad neće dati onu božansku muziku koju nose u sebi i koja nas obogaćuje.

Evo kako je izgledao moj novi pogled na riječi:

Prvi koji su mi upali u oči su bili prilozi.

Prilozi su na primjer: dobro, stalno, veselo, zanimljivo, zdravo, lijepo, sunčano, kišno, svakodnevno, danas, povremeno – to su prilozi. Nema takvih riječi kakvi su prilozi: to su najsamostalnije riječi koje postoje. Ne mijenjaju se, mogu biti gdje žele i mogu se pojaviti kad god žele. One ne ovise o nikome i ničemu. Mogu biti gospodari rečenice, imati cijelu rečenicu samo za sebe. "Danas." "Lijepo." "Ponekad." Oni su djeca jezika – nesalomljiva, neovisnog duha, pokretljiva i samosvjesna. Jeste kad pokušali riječi "danas" nešto dodati? Neki nastavak, neko objašnjenje? Ispali ste vjerojatno smiješni. Djeci tj. prilozima se ne može ništa dodavati, oni postoje zbog samog postojanja, ona su utjelovljenje božanskog duha. Tko ih želi prilagoditi svojoj potrebi, bit će osuđen na nerazumijevanje. Djeca jezika – prilozi objašnjavaju druge, ali djecu ne može nitko objasniti. To je jednostavno nemoguće jer su prilozi idealna kategorija koja se ne može usporediti, opipati, izmjeriti, dopuniti ili opisati. Prilozi postoje jer nam govore o individualnom načinu, o individualnom svijetu. A individualni svijet nije jednostavno dokazivati. Prilozi su neuhvatljivi, prozračni, laki, pokretljivi. Ali njih se nitko ne može odreći – koliko god se trudili da ih ignoriramo, osjetit ćemo vrlo brzo kako smo ovisni o njima. "Kako si? Dobro." – "Koliko me voliš? Beskonačno." – Srećom da su prilozi djeca: puna oprosta i bezuvjetne ljubavi i u toj širokogrudnoj ljubavi nepromjenjiva.

Evo kako stoji stvar s glagolima u mojoj novoj slici o jeziku.

Glagoli su po prirodi stari radnici - neumorni, od rada oguglali i od pretjerano teških zadataka nefleksibilni. Glagoli – radnici su se toliko iscrpili od rada, od konjugiranja, da u pauzama samo sjede i uzdišu. Ne znaju se odmoriti jer nemaju vremena za aktivni odmor – zato se lako debljaju, nezgrapni su i teško pokretljivi. Pokrenuti glagol da se promijeni – za to trebaju godine i godine. I kad se promijene, ne promijene se cijeli, promijeni se samo neki njegov oblik. Glagoli radnici trebaju priloge kao pomoć jer im prilozi pomažu u poslu – rasterećuju ih u zadaćama, objašnjavaju kako se glagoli osjećaju, gdje su, kako nešto upravo čine, kada čine i mjesto gdje se upravo nalaze. "Lako raditi." "Stalno trčati". "Lijepo pjevati". Radnici i djeca su najbolja simbioza koja može postojati – bez radnika djeca bi otišla svojim putevima i posvetila se samo svojim svjetovima, bez djece glagoli radnici bi non-stop radili i u sve kraćim pauzama bi se tako prežderavali da bi najvjerojatnije nakon nekog vremena oni skloniji tromosti, umrli od fizičkog kolapsa ili od srčanih tegoba. Glagoli radnici ne bi više postojali, nitko se više ne bi brinuo o jeziku, jezik bi odumro jer ne bi bilo nositelja komunikacije.

Evo kakva je stvar s imenicama.

Imenice. Dame. Živjeti samo s damama – ugodno je. Na primjer: Ugoda. Ljeto. More. Nogomet. Smijeh. Što ćeš više? Imenice su tako zavodljive da nema toga koji bi imao nešto protiv njih. Jesu li imenice zavodljive slučajno? Ma ne. Dame ne mogu biti slučajno zavodljive – očijukaju sa svakim, dobacuju smiješak kao ribiči svoje mamce, glasno govore – a sve u cilju da budu zapažene i imaju što više obožavatelja. Znate zašto ljudi imaju faze kada uporno koriste jednu imenicu gotovo u svakoj rečenici? E baš zbog toga. Prijemčiva su za čari imenica. Imenice imaju strast, snagu, moć i ambiciju. Ali te osobine nemaju uvijek pozitivni predznak. Da – imenice mogu biti vrlo ogorčene zbog nedostatka obožavatelja. Mogu postati zle, zajedljive, svadljive, odbojne i ratoborne. Imenice mogu biti zabranjene. I imenicama – damama to nije pravo. I samo iz tih razloga imenice dozvoljavaju prisutnost pridjeva.

Pridjevi se dodaju imenicama samo zato što imenice – dame mogu biti zabranjene. Zato su imenice prisiljene živjeti u kompromisu s pridjevima. "Sunce – divno sunce", "svila – ugodna svila", "dijete – lijepo dijete". – Ma koliko god imenice protestiraju što pridjevi objašnjavaju ono što imenice već nose u sebi (sunce je uglavnom divno; svila je ugodna sama po sebi), ma koliko se ljutile na svoje pratioce koji im kradu slavu i ugled, ništa im to nije pomoglo. Istina je bila neumoljiva: jezik se obogaćuje tek onda kad se imenice nakite pridjevima.

– Naravno tako misle oni koji nemaju puno pojma o jeziku i o najljepšim cvjetovima jezika – damama. Jezik se obogaćuje tek onda kada se dame pojave u novom izdanju: željeno sunce, čarobna svila, tajnovito dijete.

Iz tog razloga pridjevi – njih sam nazvala rođacima –, imaju prirođenu manu: osjećaju se manje vrijedni, suvišni i nepriznati. A kako i ne bi? Tko voli biti nečiji privjesak i služiti samo kao ukras? Pridjeve guraju u stranu i zovu ih u društvo samo kad ih trebaju. U nekim jezicima pridjevi su se pobunili. Digli su revoluciju, odbili su druženje s imenicama, napravili vlastite poezije, vlastite izraze i jezične eksperimente. U nekim jezicima su postali od svih prezreni, etiketirani kao "loš govor", kao "kič". Rođaci pridjevi nisu u svim jezicima napravili ono što im je bila povijesna dužnost – nisu se udružili na svjetskoj razini. To ih tek čeka.

Postoji naravno još puno drugih vrsti riječi u nekom jeziku. Hvalisave, bezobrazne i sebične zamjenice. Prostodušni brojevi siromašni duhom. Neuračunljive blesave prepozicije. Povučeni tihi veznici, zbunjeni uzvici.

I znate što sam onda napravila? O svemu tome sam ispričala mojim učenicima. Kakve su riječi zaista. Kakav je njihov pravi život, što vole i što ne vole, koji su njihove mane i koje vrline. I znate što? Moji učenici su se promijenili. Počeli su se veseliti kad smo radili nove lekcije i sve češće su me molili da radimo gramatičke vježbe. Počeli su pisati poeziju na njemačkom, a oni najbolji su pričali njemački u školskim pauzama.

A ja? Ja sam konačno našla potvrdu u svojem zanimanju kao učiteljica. Da, čovjek se mora predati dušom i tijelom svom zanimanju i ući u dubinu i bogatstvo onoga od čega živi.

O SLOVIMA, RIJEČIMA I REČENICAMA

Dobar dan! To sam ja – učiteljica njemačkog jezika iz prethodne kratke priče. Zovem se Maja – tek toliko da znate. Ali to sada nije važno. Ono što je važno jeste da sam Vam zaboravila nešto reći pa Vam se još jedanput javljam. Ja sam Vam već pisala o mojem stavu prema jeziku. Želim Vam dodati još jednu stvar. Još jedno objašnjenje u vezi prirode slova, riječi i rečenica. To je veoma važno. Kad Vam to objasnim, onda će Vam biti puno jasnije sve što se tiče jezika.

Dakle, prvo slova i njihova priroda.

Slova sama po sebi nemaju nekog značenja, ona su nevina, prostodušna i čista, kao da su netom rođena. Ona su bezazlena i zato mogu lako služiti svakoj mogućoj riječi. U prilog tome govori činjenica da postoje identična slova koja se pojavljuju u većini pisama. No s druge strane postoje i specijalna slova koja se nalaze samo u nekom određenom jeziku. I ljudi često proglašavaju očinstvo nad tim specijalnim slovima koja se pojavljuju samo u njihovom jeziku. Pošto slova nemaju svoju volju jer nemaju neki zadatak za koji bi trebali volju, slova se vesele roditeljstvu – imaju obitelj koja će se brinuti o njima i koja će im davati različite zadatke.

Riječi su nasuprot slova potpunog drugog karaktera. Riječi nose značenje i stoga su ohola. No dobro, ne baš pravo ohola, ali recimo imaju vrlo jasnu predodžbu o tome tko su. Njihova sloboda je ograničena jer one su mogu kretati i razvijati samo u točno određenim pravcima – prema drugim ljudima, prema konkretnim situacijama, prema jasnim zadacima. Tu oni razvijaju svoju svjetlost kao zvijezde repatice, praskaju u zraku kao vatromet, otvaraju oči drugima, ili zatvaraju oči drugima, ulaze pod kožu, dolaze tajnim putevima do finih kutova duše. One, riječi, nose teret značenja u sebi, ali su zato tako moćne da se čovjek s pravom pita – odakle im tolika snaga? – Ja sam uvjerena da to ima veze s njihovim precima. Sa simbolima. Simboli su posebna vrsta znakova i oni su se izdigli iznad drugih znakova jer su nosili u sebi praiskonske zvukove stvaranja. Simbol je bio stvaralački zvuk, a njegov potomak, riječ, zadržao je dio te snage. Drugi dio te snage simbola otišao je u muziku. Muzika je ostala bez konkretnog značenja, preuzela je zvuk, dok je riječ preuzela konkretno značenje. Da, oni su se tako nekako podijelili i ostali u srodstvu.

Što se tiče rečenice, ona se dosta razlikuje od riječi, iako je rečenica skup riječi po određenim pravilima. Rečenice su zatvorene, opasane tvorevine koje su izgubile svoju slobodu. One služe određenoj komunikaciji i nakon toga, nakon što bude rečene, one se razgrađuju kao da nikad nisu ni postojale. Jednostavno nestaju. Rečenice su specijalne jedinice koje nestaju nakon što je misija izvedena. Neka vrsta kamikaza. Za komunikaciju! Naprijed smjelo! Tu smo da služimo! Stvorite nas da bismo živjeli i umrli za Vas! Mi smo Vaše sredstvo do cilja! – Ja mislim da je to njihova jedina satisfakcija – to vječno stvaranje, uništenje i ponovno stvaranje. Vječna dijalektika. Istinska umjetnost življenja. Rečenice su ptice feniks koje se rađaju iz vlastitog pepela.

Što mi imamo od svega toga? – I slova i riječi i rečenice upućuju na jedan vrlo važan zaključak a koju je vezan za samu našu bit – oni upućuju na prirodu naše slobodne volje: hoćemo li biti nevini a bez značenja kao slova, svrsishodni ali sa značenjem kao riječi ili požrtvovni do samouništenja kao rečenice – to svako od nas odlučuje kada koristi svoju slobodnu volju u komunikaciji s drugima koristeći se slovima, riječima ili rečenicama.

To sve možda zvuči filozofski, ali to je tako. Vjerujte mi.

Eto, to je sve što sam Vam još htjela reći.

VOCABULARY

Abbreviations:
acc. – accusative
coll. – colloquial language
dat. – dative
dial. – dialect
f - female
fig. – figurative
gen. – genitive
inf. – infinitive
inst. – instrumental
loc. – locative
m – male
n – neuter
N - nominative
pej. – pejorative, deprecative
pfv. a. – perfective aspect
pl. – plural
PPA – past participle active
sg. – singular
voc. – vocative

A

arogancija – arrogance

atlantska klima – Atlantic climate

B

bacati se, ja se bacam – to throw oneself

bacati, ja bacam – to throw

bajkovito – fabulous

balavica – snotty (*female*); balavac – snotty (*male*)

bar – at least

bar (pl. barovi) – bar

bazen – swimming pool; bazen na otvorenom – open air swimming pool

beskarakteran, beskarakterna, beskarakterno (m/f/n) – characterless

bespomoćan, bespomoćna, bespomoćno (m/f/n) – helpless

bespoštedno – merciless

bezazlen – harmless

bezbroj – numberless, innumerable

bezglavo – panic-stricken, headless

bezobrazan, bezobrazna, bezobrazno (m/f/n) – impertinent

bezobrazluk – insolence

bezuvjetan, bezuvjetna, bezuvjetno (m/f/n) – unconditional, absolute

biće – being

bijedan, bijedna, bijedno (m/f/n) – miserable, poor

bijes – rage

bilokakvu – any

biti – to be; otuđiti od biti – to alienate form one´s own being

blagog pojma → ne imati blagog pojma – not having a clue

blesav, blesava, blesavo (m/f/n) – stupid, dumb

bližnji, bližnja, bližnje (m/f/n) – the next one

blizu – near

bog (pl. bogovi) – God; divinity, godhead

bog (*coll.*) – God

bogat, bogata, bogato (m/f/n) – rich

bogom dana – given by God

bojati se, ja se bojim – to be afraid

bol – pain

bolest – sickness

borac – fighter

boravak – stay

borba – fight

božanska muzika – divine music

božansko – divine

brinuti se, ja se brinem – to care, to worry

broj (pl. brojevi) – number

bućnuti se, ja se bućnem (*pfv. a.*) – to jump into the water

budala – buffoon, jerk

Budite uvjereni! – Be assured!

buha (*coll.*) – flea

bujica – stream, surge, flood

buljiti, ja buljim – to stare

C

cijena – price

cilj – goal; target

cjedilo → ostaviti na cjedilu – to abandon

cvjetovi (pl.) – flower

Č

čar – charm

čaroban, čarobna, čarobno (m/f/n) – enchanting, dreamlike, magical

član (pl. članovi) – member

čin – act

činiti, ja činim – to make, to do

činjenica – fact

čovječanstvo – mankind

čovjek – man; human being; oneself

čudno – strange, unusual

D

daljnji – another

daltonist – colour blind

današnji, današnja, današnje (m/f/n) – today´s

daske – board; nemati sve daske u glavi (*phrase*) – to be not quite right in the head, to have lost one´s marbles

dati, ja dajem – to give; to let; PPA: dao, dala, dalo

debelo – thick

debljati se, ja se debljam – to increase weight

desetkovati, ja desetkujem – to decimate

detalj – detail

dignuti, ja dignem (*pfv. a.*) – to lift, to pick up; dignuti revoluciju – to cause a revolution

dijeliti, ja dijelim – to separate; to divide

dijelovi (pl.) – parts; sg: dio – part

dimnjačar – chimney sweep

dio – part

divljanje – bluster, uproar

divlji, divlja, divlje (m/f/n) – wild

divota – wonderfulness, magnificence, delightfulness

djelovati, ja djelujem – to act, to be effective, to take effect, to work on

djetinjasto – childish

djetinjstvo – childhood

dnevni – daily

doba – time

dobiti, ja dobijem (*pfv. a.*) – to get; nećete me dobiti – I will not change my mind

dobivati, ja dobivam – to get

dobrodušno – kind-hearted, mild-hearted

dobroćudan, dobroćudna, dobroćudno (m/f/n) – good-natured

domaće stanovništvo – domestic population

domaći (pl.) – natives

donijeti, ja donesem (*pfv. a.*) – to bring, to bring with

dotjerana (f) – good-looking

doživjeti, ja doživim (*pfv. a.*) – to experience

doživotno – lifelong

dozvoliti, ja dozvolim (*pfv. a.*) – to allow, to permit

dozvoljavati, ja dozvoljavam – to allow, to permit

drakonsko – draconian

drastično – drastic

drugačije – differently

druge → nije mi bilo druge – I had no choice

Druge nema. – There is no alternative.

druženje – socialize

država – state

državica – small state

dubina – depth

dućan (*coll.*) = trgovina – shop, store

duh – spirit

duhovna kuća – spiritual house

duhovni razvitak – spiritual development

duša – soul

dušom i tijelom – with body and soul

E

ekvator – equator

etnolozi → sg. etnolog – ethnologist

evolucijski uspon – evolutionary development

fascinirati, ja fasciniram – to fascinate

fer – fair

finesa – finesse

fizički kolaps – physical collapse

glagol – verb, do-word

gljiva – mushroom; iznicati kao gljive poslije kiše (*phrase*) – to sprout like mushrooms after rain

glup, glupa, glupo (m/f/n) – stupid, dumb

god → kad god žele – whenever they want; gdje god je mogao – wherever he could; kad god je mogao – whenever he wanted to

godišnji odmor – holiday

golub (pl. golubovi) – pigeon

gomila – bunch

gospodari – lords

gotovo – almost, nearly

govor – language; speech

građevina – building

građevinski materijal – building material

grčki junak – Greek hero

grliti, ja grlim – to embrace

groblje – cemetery

gubiti, ja gubim – to lose

gunđati, ja gunđam – to moan

gurati, ja guram – to push; gurati u stranu – to push aside

gurnuti, ja gurnem (*pfv. a.*) – to push

gužva – crowd

H

heroina – heroine

herojski podvig – heroic deed

hodati, ja hodam – to walk, to run, to take steps

horda – horde

hrana – food

hraniti, ja hranim – to feed

humano – humane

hvalisav – boastful

hvaliti se, ja se hvalim – to show off

I

i – i = both – and

igrača grupa – playgroup

igranje – playing

ikad – ever

iluzija – illusion

imati na umu – to have in mind

imenom – called

injekcija – injection

iscrpiti se, ja se iscrpim (*pfv. a.*) – to exhaust oneself

iscrpljen – exhausted

iscrpljenost – exhaustion

iskljuvati, ja iskljujem (*pfv. a.*) – to peck with the beak (*birds*)

isključivo – exclusively

iskorištavati, ja iskorištavam – to take advantage of, to use

iskorišten – exploited

iskustvo – experience

ispasti, ja ispadnem (*pfv. a.*) – to fall out; ispali ste smiješni – you have become ridiculous

ispečen kao pile na ražnju – roasted like a rotisserie chicken

ispečen, ispečena, ispečeno (m/f/n) – fried

ispravan, ispravna, ispravno (m/f/n) – straight-up

išta – something

istina – truth

istinski, istinska, istinsko (m/f/n) – truly

itd. = i tako dalje – and so on

izaći na kraj – to cope

izazov – challenge

izbačen, izbačena, izbačeno – thrown out

izbaciti iz takta – to distract, to rattle, to trip up

izbaviti, ja izbavim (*pfv. a.*) – to free

izbjeći, ja izbjegnem (*pfv. a.*) – to avoid

izbjegavati, ja izbjegavam – to avoid

izbor – selection

izbrisati, ja izbrišem (*pfv. a.*) – to erase

izdan, izdana, izdano (m/f/n) – betrayed

izdanje – form, output;

izdignuti se, ja se izdignem (*pfv. a.*) – to lift out

izdrogirati se, ja se izdrogiram (*pfv. a.*) *coll.* – to get high on drugs

izglancan (*coll.*) – shone, shone up, shiny

izgovarati, ja izgovaram (*pfv. a.*) – to pronounce

izgovor – excuse

izgraditi, ja izgradim (*pfv. a.*) – to build

izgubiti pamet – to lose mind

izgubljen (m) – lost

izjava – statement

izložiti, ja izložim (*pfv. a.*) – to exhibit

izmanipulirati, ja izmanipuliram (*pfv. a.*) – to manipulate

izmišljotina – fiction

izmjenjivati, ja izmjenjujem (*pfv. a.*) – to switch, to replace

iznenađenje – surprise

iznesen, iznesena, izneseno (m/f/n) – brought

iznicati, ja izničem (*pfv. a.*) – to sprout; iznicati kao gljive poslije kiše (*phrase*) – to sprout like mushrooms after rain iznimno – exceptionally

iznova – again

izokrenut (m) – amiss, inverted

izrada – production

izraz – expression

izvanredan, izvanredna, izvanredno (m/f/n) – extraordinary

izvesti, ja izvedem (*pfv. a.*) – to make, to finish

izvješće – report

izvjesno – certainly

izvlačiti se na izgovor – to plead an excuse

izvor – source

J

jačati, ja jačam – to strength, to empower

jadan, jadna, jadno (m/f/n) – pitiful, poor miserable

jarko – glaring; jarke boje – glaring colours

jasnoća – clarity

javnost – public

jedinica – unit

jedinstven, jedinstvena, jedinstveno (m/f/n) – unique, one of a kind

jetra – liver

jezičav, jezičava, jezičavo (m/f/n) – cheeky, tongue-ready

junak – hero

junakinja – heroine

juriti, ja jurim – to rush

kajanje – regret

kalup – form, template

kamena sjekira – stone axe

kamenčić – small stone

Kanarski otoci – Canary Islands

kap koja će preliti čašu (*phrase*) – the last straw that breaks the camel's back

kapija – gate

kazna – punishment

kažnjavanje – punishment

kihanje – sneezing

kiparica – sculptress

kiparstvo – sculpting

klin (pl. klinovi) – bolt

kljucati, ja kljucam – to pick

kockica – dice; domino kockica – domino dice

kolovoz – August

koljeno – knee

komadić – little piece

konjugiranje – conjugation

korist – use

korištenje – use

koristiti, ja koristim – to use

kosat – haarig

kotiti se, ja se kotim – to give birth (*animal*)

kradu → inf. krasti, ja kradem – to steal

kraj – end; na kraju krajeva (*phrase*) – finally

kraj = pokraj – next to

krajnje je vrijeme – it is high time

krao → zašto sam krao bogu dane? – Why did I steal time from the good Lord?

krcat, krcata, krcato (m/f/n) – overloaded

krvav (m) – bloody

kukanje – moaning, whining

kut (pl. kutovi) – corner

kvaka – door handle; stvar ima kvaku (*phrase*) – the thing has a hitch

L

lagati, ja lažem – to lie

lakoća – lightness

lanac – chain; lanac ljubavi (*fig.*) – chain of love, love chain

latiti se oružja, ja se latim oružja (*pfv. a.*) – to take up arms

led – ice

lice – face

liječiti rane – to heal wounds; vrijeme liječi rane (*saying*) –

time heals all wounds

lijen, lijena, lijeno (m/f/n) – lazy

lopta – ball

lud, luda, ludo (m/f/n) – mad

ludilo – madness

Lj

ljevoruki – left-handed

ljubavlju (*loc.*) → N: ljubav – love

ljubavnica – lover (*female*)

ljubazan, ljubazna, ljubazno (m/f/n) – nice

ljudski, ljudska, ljudsko (m/f/n) – human

M

ma koliko god one protestiraju – no matter how strongly they protest

mačić – kitten

mačji način – cat style

mačji seks – cat sex

mačka – cat

majmun – monkey

maknuti se, ja se maknem – to put away

maknuti se, ja se maknem (*pfv. a.*) – to walk away

mamce → N: mamac – bait

mana – flaw

marsovci (pl.) – Martian

masna kosa – greasy hair

međusobno nadmudrivanje – outsmarting each other

mlatiti, ja mlatim – to beat

mnoštvo – crowd

moć – power, force

mogućnost – possibility

mozak (pl. mozgovi) – brain

mračiti se, ja se mračim – to become dark, to darken

mrak – darkness

mršav, mršava, mršavo (m/f/n) – thin, slim, skinny

mrtav, mrtva, mrtvo (m/f/n) – dead

mrziti, ja mrzim – to hate

muka – nuisance

mušterija – customer

muvati se, ja se muvam – to stray

N

nabrajati, ja nabrajam – to list, to state

način → na svoj način – in one´s own way

način – manner

nadalje – furthermore

nadljudski (m) – superhuman

nadmudrivanje – outsmarting

nagomilati, ja nagomilam (*pfv. a.*) – to accumulate, to hamster

nahuškati, ja nahuškam (*pfv. a.*) – to incite

najljepši, najljepša, najljepše (m/f/n) – most beaufiful; the most beautiful

najsamostalniji – most independent

nakititi se, ja se nakitim (*pfv. a.*) – to decorate

nalaz – findings

nalaziti se, ja se nalazim – to meet

nalaziti, ja nalazim – to find

naknadno – subsequently

namjena – purpose, determination

napad panike – panic attack

napijati se, ja se napijam (*pfv. a.*) *coll.* – to get drunk

napor – effort

napredak – progress

napustiti, ja napustim (*pfv. a.*) – to abandon

narod – people

naselje – place, locality; turističko naselje – tourist place

naslov – title

nasmijati se, ja se nasmijem (*pfv. a.*) – to laugh

nasmijavati, ja nasmijavam – to make laugh

našminkana (f) – made up

nastavak – continuation; ending

nastaviti, ja nastavim (*pfv. a.*) – to continue

natapati, ja natapam – to soak

natapirana frizura – toupeed hair, backcombed hair

natečen (m) – puffy

natezati, ja natežem – to tense, to stretch

nauljiti se, ja se nauljim (*pfv. a.*) – to oil

navala – storm

navaljivati, ja navaljujem – to storm, to attack

navodno – supposedly

nebeski svijet – heavenly world

nedostatak – lack; nedostatak obožavatelja – lack of admirers

nedostižan, nedostižna, nedostižno (m/f/n) – unapproachable

negdje – somewhere

neiskusan, neiskusna, neiskusno (m/f/n) – inexperienced

nekakav (m) – one; any

nekorištenje – non-use

nemilosrdno – merciless

nenapisan, nenapisana, nenapisano (m/f/n) – unwritten

neočekivan, neočekivana, neočekivano (m/f/n) – unexpected

neophodan, neophodna, neophodno (m/f/n) – indispensable, essential

neopisivo – indescribable

neovisan – independent

nepobjediv, nepobjediva, nepobjedivo (m/f/n) – invincible

nepopravljivo – irreparable

nepravedno – unfair

nepredviđen, nepredviđena, nepredviđeno (m/f/n) – unpredictable neprimjenjivanje – non-application

neprirodnost – unnaturalness

nepriznat – unacknowledged

nerazumijevanje – misunderstanding

nerazumljiv, nerazumljiva, nerazumljivo (m/f/n) –
misunderstood

nesalomljiv – unbreakable

nesretan, nesretna, nesretno (m/f/n) – unfortunate

netom rođena (f) – just born

neuhvatljiv → Oni su neuhvatljivi. – They cannot be caught.

neukrotiv (m) – irrepressible

neumoljiv, neumoljiva, neumoljivo (m/f/n) – inexorable

neumoran, neumorna, neumorno (m/f/n) – tireless

neuračunljiv – mentally incompetent

neuspjeh – failure

neviđen, neviđena, neviđeno (m/f/n) – unseen

neviđeno – unseen

nevidljiv – invisible

nevinost – innocence

nevjerojatan, nevjerojatna, nevjerojatno (m/f/n) – unbelievable

nezaboravan, nezaboravna, nezaboravno (m/f/n) –
unforgettable

nezajažljiv, nezajažljiva, nezajažljivo (m/f/n) – excessive,
immoderate

nezgrapan, nezgrapna, nezgrapno (m/f/n) – clumsy

ni – neither; not at all

nikakvu – not at all; non

nizati, ja nižem – to line up, to string together

nositelj – carrier, provider

nužan, nužna, nužno (m/f/n) – needed

O

obaveza – duty

obezvrijediti, ja obezvrijedim (*pfv. a.*) – to devalue

objasniti, ja objasnim (*pfv. a.*) – to explain

objašnjenje – explanation

objesiti, ja objesim (*pfv. a.*) – to hang up

oblik – form

oblikovati, ja oblikujem – to form

obogatiti se, ja se obogatim (*pfv. a.*) – to get rich

obožavatelj – admirer

obuzdati se, ja se obuzdam (*pfv. a.*) – to hold back

obuzeti, ja obuzmem (*pfv. a.*) – to seize, to overtake

obzir → bez obzira na – regardless, without reagrd for

očigledno – obviously

očijukati, ja očijukam – to flirt

očinstvo – paternity

očito – obviously

odbiti, ja odbijem (*pfv. a.*) – to reject

odbojan, odbojna, odbojno (m/f/n) – unwelcoming

odbrana – defence

odgoj – education

odgovarati, ja odgovaram – to reply

odletjeti, ja odletim (*pfv. a.*) – to fly away

odlučiti, ja odlučim (*pfv. a.*) – to decide

odluka – decision

odmah – in a moment

odmarati se, ja se odmaram – to rest

odmoriti se, ja se odmorim (*pfv. a.*) – to rest

odrastao čovjek – adult

odreći se, ja se odreknem (*or: odrečem se*), (*pfv. a.*) – to abstain from, to do without

održati se, ja se održim (*pfv. a.*) – to take place

odumro – die out

odustati, ja odustanem (*pfv. a.*) – to give up, to resign

odzvanjati, ja odzvanjam – to echo, to reverberate

ogledati se, ja se ogledam (*pfv. a.*) – to be reflected

ogorčen – embittered

ogovarati, ja ogovaram – to gossip

ogroman, ogromna, ogromno (m/f/n) – huge

oguglati (*coll.*) – to dull

ohol, ohola, oholo (m/f/n) – arrogant, haughty

ohrabrenje – encouragement

oko – around

okolnost – circumstance

okolo – around, all around

okretan, okretna, okretno (m/f/n) – skillful

okretnost – dexterity, skill

okvir – frame

omladina – youth, the young

onako – in that way

ondašnji – then, at the time

opak – vicious

opće prihvaćeni – generally accepted

opraštanje – farewell

opravdan, opravdano, opravdano (m/f/n) – justified

opravdanje – excuse

oprost – forgiveness

orlu → N: orao – eagle

osakatiti, ja osakatim (*pfv. a.*) – to maim, to mutilate

osjećajan, osjećajna, osjećajno (m/f/n) – sensitive, sensible

osjetljiv – sensitive

osloniti se, ja se oslonim (*pfv. a.*) – to rely

osnivač – founder

osnovan, osnovna, osnovno (m/f/n) – basic

osobina – characteristics, feature, trait

ostava – storeroom

ostvarenje – achievement

ostvariti, ja ostvarim (*pfv. a.*) – to create, to bring about

osuđen, osuđena, osuđeno (m/f/n) – condemn

oteti, ja otmem (*pfv. a.*) – to take off; to kidnap

Otiđite! – Go!

otkad – since, since when

otkidati, ja otkidam (*pfv. a.*) – to tear away

otuđiti, ja otuđim (*pfv. a.*) – to alienate; otuđiti od biti – to alienate form one´s own being

P

pad (pl. padovi) – defeat

pamćenje – memory

pamet – mind; gubiti pamet – to lose one´s mind

pametniji posao → nemati pametnijeg posla nego (*phrase*) – nothing better to do than…

pasati, ja pašem (*coll.*) – to fit, to suit; da, to mi paše – yes, that´s okay for me

pasti – to fall

patiti, ja patim – to suffer

pažnja – attention; respect

petljati, ja petljam (*coll.*) → on je petljao s njom – he had a thing with her

piknik – picnic

pile na ražnju – chicken on the spit

pisama → N: pismo – script

pjesnik – poet

pjesništvo – poetry

plafon – ceiling

planinar – mountaineer

planinsko jezero – mountain lake

platežno sredstvo – currency

pleme – tribe

pljačka – robbery

pljunuta slika i prilika (*coll.*) – likeness, double

po onoj maksimi – according to the maxim

pobijediti, ja pobijedim (*pfv. a.*) – to beat, to defeat

pobjeći, ja pobjegnem (*pfv. a.*) – to escape

pobjeda – victory

pobjednik (pl. pobjednici) – winner

pobuniti se, ja se pobunim (*pfv. a.*) – to revolt, to rebel

počinjati, ja počinjem – to begin, to start

podloga – ground, base, foundation

podmetati, ja podmećem – to impute

podmetnuti nogu – to place leg

podočnjak (pl. podočnjaci) – eye ring

područje – area

podrugljiv – mocking, derisive

podučiti, ja podučim (*pfv. a.*) – to teach

poduzetan, poduzetna, poduzetno (m/f/n) – enterprising

podvig → herojski podvig – heroic deed

pogled – look; u pogledu – with regard to

pogodan, pogodna, pogodno (m/f/n) – suitable

pogotovo – particularly

pogreb – funeral

poimanje – perception, understanding

pojam – term; nemati pojma o – not to have a clue

pojava – appearance

pojaviti se, ja se pojavim (*pfv. a.*) – to appear

pokazivati, ja pokazujem – to show

poklanjati, ja poklanjam – to make a gift

pokrenuti, ja pokrenem (*pfv. a.*) – to set in motion

pokretač – initiator, founder

pokretljiv – moveable

pokriti, ja pokrijem (*pfv. a.*) – to cover

polagati račun – to justify, to lay the bill

politi, ja polijem (*pfv. a.*) – to spill

poljubac – kiss

polovica – half

položaj – position

poludio → inf. poludjeti, ja poludim (*pfv. a.*) – to go crazy

pomisli → N: pomisao – thought

pomoć – help

ponašanje – behaviour

ponašati se, ja se ponašam – to behave, to conduct oneself

ponavljanje – repetition

poniziti, ja ponizim (*pfv. a.*) – to degrade, to humiliate

ponuđen, ponuđena, ponuđeno (m/f/n) – offered

poput = kao – like

porađati, ja porađam – to give birth

poredak – order

posao (pl. poslovi) – job, work

poslagati, ja poslažem (*pfv. a.*) – to put in order

posljedica – consequence

posljednji, posljednja, posljednje (m/f/n) – the last

poslušnost – obedience

posramljen, posramljena, posramljeno (m/f/n) – to be ashamed

postati, ja postanem (*pfv. a.*) – to be, to become, to get

postavljati, ja postavljam – to put; postavljati pitanje – to question

pošten, poštena, pošteno (m/f/n) – good, competent, fair

poštivati, ja poštujem – to respect

pošto – (*conjunction*) because

postojanje – existence

postojati, ja postojim – to exist

posvetiti se, ja se posvetim (*pfv. a.*) – to dedicate

potisnuto – suppressed

potok – brook

potomak (pl. potomci) – descendant

potpun, potpuna, potpuno (m/f/n) – completely

potresti se, ja se potresem (*pfv. a.*) – to shake

potvrda – confirmation

Povežite! – Set it in connection!

povezivati, ja povezujem – to connect

povijest – history

povišen ton – raised pitch, raised voice

povlačiti prema gore – to pull up

povoljan, povoljna, povoljno (m/f/n) – favorable, cheap

površina – surface

povučen – withdrawn, introverted

poznavatelj – expert

poznavati, ja poznajem – to know

požrtvovan, požrtvovna, požrtvovno (m/f/n) – sacrificial, willing to make sacrifices

praljudi – primitive men

praiskonski – primitive, original

praskati, ja praskam (*pfv. a.*) – to clatter, to bang

prasnuti u smijeh – to burst out laughing

pratilac – companion

pratiti, ja pratim – to follow, to pursue

pravac – direction

pravi, prava, pravo (m/f/n) – right, correct, proper, real, true

pravilo – rule

praviti se, ja se pravim – to pretend, to act as if

prebacivati, ja prebacujem (*pfv. a.*) – to blame

preci (pl.) → N: predak – ancestor

predano – devoted

predati se, ja se predam (*pfv. a.*) – to devote oneself

predavati, ja predajem – to devote; to teach

predjelom → N: predio – area, domain, zone

predmet – object

predodžba – conception, idea

predsjedavajući – chairperson

preduvjet – condition, requirement

predznak – indication

prekrivati, ja prekrivam – to cover

preminuti, ja preminem (*pfv. a.*) – to die, to depart from life

preostajati, ja preostajem – to remain, to abide

preplavljivati, ja preplavljujem – to come over, to overflow

prepreka – obstacle

prepustiti se, ja se prepustim (*pfv. a.*) – to drift

preseljenje – move

prestajati, ja prestajem – to stop

prestati, ja prestanem (*pfv. a.*) – to stop

prestrog, prestroga, prestrogo (m/f/n) – too strict

presuda – judgement

presudno – crucial, decisive; od presudnog značaja – of decisive importance

prethodan, prethodna, prethodno (m/f/n) – the previous

pretpostavljati, ja pretpostavljam – to presume

prevariti se, ja se prevarim (*pfv. a.*) – to be mistaken

prevariti, ja prevarim (*pfv. a.*) – to fox

previdjeti, ja previdim (*pfv. a.*) – to overlook

prežderavati se, ja se prežderavam (*pej.*) – to eat to repletion

preživio → inf. preživjeti, ja preživim (*pfv. a.*) – to survive

prezren (m) – despised

pridavati, ja pridajem – to attach to, to attribute to

pridjev – adjective

prigoda – opportunity

prigovarati, ja prigovaram – to nag, to find fault with

prijateljski – amicable, friendly

prijemčiv → on je prijemčiv za njezine čari – he is easily
seduced by her charms

prikladan, prikladna, prikladno (m/f/n) – adequate, appropriate

prikovati, ja prikujem (*pfv. a.*) – to nail, to nail up

prilog → u prilog tome – as proof of this, speaks for this

prilozi (pl.) – adverbs

primiriti se, ja se primirim – to calm down

primitivan, primitivna, primitivno (m/f/n) – primitive

primjer – example; na primjer – for example

pripadati, ja pripadam – to belong

prirođena mana – congenital defect

prisutnost – presence

produžen, produžena, produženo (m/f/n) – extended

prokockati, ja prokockam (*pfv. a.*) – to gamble away

prolaz – pass

promašiti, ja promašim (*pfv. a.*) – to miss

promatrati, ja promatram – to watch

propuštati, ja propuštam – to miss

propustiti, ja propustim (*pfv. a.*) – to miss

prostodušan, prostodušna, prostodušno (m/f/n) – ingenuous,
guileless, open-hearted

prosvjedovati, ja prosvjedujem – to protest

prosvjetljenje – enlightenment

protivnik – opponent

provalija – abyss

provjeren, provjerena, provjereno (m/f/n) – checked

provjeriti, ja provjerim (*pfv. a.*) – to check

prozračan, prozračna, prozračno (m/f/n) – airy

prvobitna zajednica – primordial community

prvobitan, prvobitna, prvobitno (m/f/n) – original; primitive

psovati, ja psujem – to curse, to bluster

psovka – curse word

pust, pusta, pusto (m/f/n) – empty

pustinja – desert; živa pustinja (*coll.*) – a real desert

put (pl. putevi) – way, path

R

rađati plodom – to bear a fruit

rađati, ja rađam – to give birth

radošću → N: radost – joy

raj – paradise

rajski, rajska, rajsko (m/f/n) – paradisiacal

rame (pl. ramena) – shoulder

rana (f) – wound

raniti, ja ranim – to wound

raskinuti, ja raskinem (*pfv. a.*) – to tear, to tear off

rasla → inf. rasti, ja rastem – to grow; PPA: rasao, rasla, raslo

raspasti se, ja se raspadnem (*pfv. a.*) – to fall apart

raspolagati, ja raspolažem – to dispose

raspored – timetable

raspucane usne – chapped lips

rastavljen, rastavljena, rastavljeno (m/f/n) – set apart; divorced

rasterećivati, ja rasterećujem – to relieve

rastrgati, ja rastrgam (*pfv. a.*) – to tear to shreds

ratoboran, ratoborna, ratoborno (m/f/n) – quarrelsome

ravnopravnost – equality

razaznati, ja razaznam (*fpv. a.*) – to recognise

razgrađivati se, ja se razgrađujem – to decompose

razina – level

razlika – difference

razlog – cause, reason

raznovrsno – various, some

razočarenje – disappointment

razum – reason, common sense

razumijevanje – understanding

razumno – reasonable

razvlačiti, ja razvlačim – to stretch

rečen – said, told

ražanj – spit; ispečen kao pile na ražnju – (*literally*) roasted like a chicken on a spit

red – order

režati, ja režim – to growl

ribič – angler

roba – goods

rođaci (pl.) – relatives

sadržavati, ja sadržavam – to contain

sama od sebe (f) – by itself

samosvjestan, samosvjesna, samosvjesno (m/f/n) – self-conscious

samouništenje – self-destruction

saopćiti, ja saopćim (*pfv. a.*) – to share, to communicate

sastavljati, ja sastavljam – to compose, to assemble

sastavni (m) – intergrating

sebičan, sebična, sebično (m/f/n) – selfish

shrvan, shrvana, shrvano (m/f/n) – overpowered

shvatiti, ja shvatim (*pfv. a.*) – to comprehend, to understand

sigurnosti radi – to be on the safe side, for safety´s sake

sijevnuti – to flash; sijevnulo mi je – it occurred to me

sila – power, force

siliti, ja silim – to force

sjaj – shine

sjajiti, ja sjajim – to shine

sjećanje – memory

sjećati se, ja se sjećam – to remember

sjetiti se, ja se sjetim (*pfv. a.*) – to remember

skakati, ja skačem – to leap

skidanje – undressing

sklad – harmony

skladateljica – composer (*female*)

skloniji tromosti – inclined to inertia

skloniti se, ja se sklonim (*pfv. a.*) – to find shelter

skoro – almost

skrasiti se, ja se skrasim (*pfv. a.*) – to settle down

skriven, skrivena, skriveno (m/f/n) – hidden

skroz naskroz – through and through

skup – group

skupiti, ja skupim (*pfv. a.*) – to bring together

skupni rad – group work

slabost – weakness

slaganje rečenica – sentence formation

slagati, ja slažem – to assemble

slastičarna (*coll.*) = slastičarnica – patisserie, confectionery

slava i ugled – glory and honour

slijep, slijepa, slijepo (m/f/n) – blind

slovo – letter

složen, složena, složeno (m/f/n) – compound

slučaj – case; kojim slučajem – in case

slučajno – by chance

slutiti, ja slutim – to forebode

služiti, ja služim – to serve

sljedeći, sljedeća, sljedeće (m/f/n) – the next

sljepilo – blindness

smatrati, ja smatram – to consider, to think

smetište – dump, rubbish dump

smijati se, ja se smijem – to laugh

smijeh – laughter; prasnuti u smijeh – to burst into laughter

smjelo – bold, brave, heartly

snaga – strength, power

spilja – cave

spoj – bond, connection

spomenuti, ja spomenem (*pfv. a.*) – to mention

spopasti, ja spopadnem (*pfv. a.*) – to overcome; kao da ih je spopalo pravo ludilo – as if they had taken leave of their senses

sposoban, sposobna, sposobno (m/f/n) – capable

spoznaja – cognition, knowledge

spreman, spremna, spremno (m/f/n) – ready

sprijateljen, sprijateljena, sprijateljeno (m/f/n) – friendly, befriended

srce – heart

srčane tegobe – heart trouble

srećom – fortunately

srediti se, ja se sredim (*pfv. a.*) – to pull oneselft together

srednje godine – middle age

sredstvo – means, instrument

sređen – dressed up

stanovati, ja stanujem – to live

stanovništvo – population; domaće stanovništvo – local population

stanje – condition

stav – attitude

stigao – arrived, come; inf. stići, ja stignem (*pfv. a.*) – arrive; manage; vrijeđati koga stigneš – to offend anyone who is just there

stijena – rocks

stisnuti se, ja se stisnem – to contract, to shrink

stoljeće – century; stoljećima – for centuries

strah – fear; u strahu su velike oči (*saying*) – one sees everything exaggerated in a state of fear

strah (pl. strahovi) – fear

strast – passion

strašno – terrible

strijela – arrow

strpljenje – patience

stupanj (pl. stupnjevi) – degree

stuštiti se, ja se stuštim (*pfv. a.*) – to storm, to run off

stvorenje – being

sudbina – destiny, fate; udarac sudbine – stroke of fate

suh, suha, suho (m/f/n) – dry

sumnja – doubt

sumnjati, ja sumnjam – to doubt

suprotnom → u suprotnom – otherwise, on the contrary

susjedni, susjedna, susjedno (m/f/n) – neighbouring

susjedstvo – neighbourhood

suvišan, suvišna, suvišno (m/f/n) – redundant, uncalled-for, unnecessary

svadljiv – aggressive

svakim satom – with every hour

sve češće – more and more often

svejedno – no matter

svela → inf. svesti, ja svedem (*pfv. a.*) – to reduce; PPA: sveo, svela, svelo

svemir – universe

svezak – book, edition

svijest – consciousness

svjesna (f) – conscious

svjetlost – light

Š

šala – joke

šalter – switch

šamarati, ja šamaram – to slap

šaraf (*coll.*) – screw

šetnja – walk

širiti se, ja se širim – to expand, to spread

širokogrudan, širokogrudna, širokogrudno (m/f/n) – generous

širenje – expanding

škakljati, ja škakljam – to tickle

školarka – schoolgirl

školska zadaćnica – school work

škrga – gill

šrafciger (*coll.*) – screwdriver

štakor – rat

šteta – pity

što – that; što – što = both – and

što ćeš više? – What do you want more?

štof (*coll.*) – material

šutke – silent

T

tad = tada – then

tajnovit – mysteriously

takmičiti se, ja se takmičim – to compete

tankoćutan, tankoćutna, tankoćutno (m/f/n) – sensitive, delicate

tegoba → srčane tegobe – heart problems

tek onda – only then

tekla – flowed; inf: teći, ja tečem – to flow

tekućina – liquid

temelj – basis

teret – load, burden

težina – heaviness

tiče → što se tiče – with regard to, in terms of

tijelo – body

tijesto – dough

tjerati se, ja se tjeram – to be/become ready for mating, to be in heat (*animals*)

tjesnac → biti u vremenskom tjesnacu – be in time trouble

Tko ima, ima. (*coll.*) = Tko ima novaca, taj ima novaca. = If you have the money, the money has you.

tok – course, flow

topiti se, ja se topim – to melt

toplina – warmth

traćenje – waste

trag (pl. tragovi) – trace; ni traga ni glasa (*phrase*) – no trace

trbuh – stomach

trenutak – moment

tresti, ja tresem – to shake

treštati, ja treštim – to roar

tromost – inertia

trošiti, ja trošim – to spend

trznuti se, ja se trznem – to shrug

tuđi, tuđa, tuđe (m/f/n) – strange

tumačenje – interpretation

tupiti, ja tupim – to nag, to grump

tužaljka – dirge

tužan, tužna, tužno (m/f/n) – sad

tvorevina – entity

tvrditi, ja tvrdim – to claim, to assert

tvrdnja – claim, assertion, statement

U

ubiti se, ja se ubijem – to kill oneself

ubrzo – soon

učiniti, ja učinim (*pfv. a.*) – to do, to make

udarati, ja udaram – to strike

udarac – blow; udarac sudbine – blow of fate

udružiti se, ja se udružim (*pfv. a.*) – to unite

ugled – glory; slava i ugled – fame and honor, fame and glory

ukalupljivati, ja ukalupljujem – to stencil

ukazivati, ja ukazujem – to point

ukraden, ukradena, ukradeno (m/f/n) – stolen

ukras – jewelry

ukrasti, ja ukradem (*pfv. a.*) – to steal

um – mind; imati na umu – to have in mind

umisliti, ja umislim (*pfv. a.*) – to imagine something

umiti se, ja se umijem – to wash face

umjesto – instead of

umjetničko poimanje – artistic perceptions, artistic understandings

umjetno – artificial

umjetnost – art

umor – tiredness

umro – died; inf. umrijeti, ja umrem (*pfv. a.*) – to die; PPA:
umro, umrla, umrlo

uočiti, ja uočim (*pfv. a.*) – to notice, to spot, to detect

uopće – at all

upasti u oči – to strike

uporniji – more persistent

upoznati, ja upoznam (*pfv. a.*) – to get to know

upravo – of all things

upucati, ja upucam (*pfv. a.*) – to shoot

ureži → inf. urezati, ja urežem (*pfv. a.*) – to engrave; urezati u
pamćenje – to imprint in the memory

uroniti, ja uronim (*pfv. a.*) – to dip in

uslužan, uslužna, uslužno (m/f/n) – willing, accommodating

usmeno – orally

uspjeti, ja uspijem (*pfv. a.*) – to manage

uspomena – memory

uspon – rise

usporiti, ja usporim (*pfv. a.*) – to slow down

usta – mouth

ustručavanje – hesitation

utjecati, ja utječem – to influence

utjeha – comfort

utjelovljenje – embodiment

uvesti, ja uvedem (*pfv. a.*) – to launch, to set

uvjeren, uvjerena, uvjereno (m/f/n) – assured

uvjeriti, ja uvjerim (*pfv. a.*) – to persuade

uvjet – condition

užaren, užarena, užareno (m/f/n) – glowing

uzbuditi se, ja se uzbudim – to get excited

uzdah – sigh

uzdisati, ja uzdišem – to sigh

uzdržavati, ja uzdržavam – to preserve so. financially

uzimati, ja uzimam – to take; Uzmi što ti se pruža. – Take what you can get.

uzvici (pl.) → sg. uzvik – exclamation word

V

vabljenje – lure

vanzemaljac – extra-terrestrial

varljiv – deceptive

vatra – fire

vatromet – fireworks

veličina – size

velikodušno – generous

vezivati, ja vezujem – to tie

vezivni dio – link

veznik (pl. veznici) – connective

viknuti, ja viknem (*pfv. a.*) – to shout

vila – fairy

vječan, vječna, vječno (m/f/n) – eternal

vječnost – eternity

vjera – faith; religion

vjerojatno – probably

vjerovanje – faith

vlakovođa – train driver

vlasnici (pl.) – owners; sg. vlasnik – owner

vlasništvo – property

vlastiti – own

voditi ljubav – to make love

vojska – army

volja – will; imati volju – to feel like it

voljen, voljena, voljeno (m/f/n) – loved

vremena → za sva vremena – forever

vremenski tjesnac – need of time

vrijedan žaljenja – deplorable

vrijedni – valuable

vrijedno življenja – worth living

vrijednost – value

vrijeđati, ja vrijeđam – to offend, to insult

vrištati, ja vrištim – to shout

vrlina – virtue

vrsta – kind; species; genus

vrući – hot

vrućina – heat

vrvjeti, ja vrvim – to teem

vukla – pulled; inf. vući, ja vučem – to pull; PPA vukao, vukla, vuklo

zabavljen, zabavljena, zabavljeno (m/f/n) – busy, engaged

zablistati, ja zablistam (*pfv. a.*) – to shine

zaboraviti, ja zaboravim (*pfv. a.*) – to forget

zaboravljen, zaboravljena, zaboravljeno (m/f/n) – forgotten

zabranjen – forbidden

zacijeliti, ja zacijelim (*pfv. a.*) – to heal

zacrtati, ja zacrtam (*pfv. a.*) – to intend, to set as a goal

zadržati, ja zadržim (*pfv. a.*) – to keep

zahtijevati, ja zahtijevam – to demand

zajedljiv – dogged, mocking

zaključiti, ja zaključim (*pfv. a.*) – to conclude

zakovan, zakovana, zakovano (m/f/n) – nailed on

zakrčivati, ja zakrčujem – to ram

zamisliti, ja zamislim (*pfv. a.*) – to imagine

zamjena – replacement

zamjenica – pronoun

zamka – trap

zamoliti, ja zamolim (*pfv. a.*) – to ask

zapažen – noticed

zapovjednički – commanding

zapravo – actually

zaprepašten – perplexed, horrified

zašarafiti, ja zašarafim (*pfv. a.*) *coll.* – to screw

zaslužiti, ja zaslužim (*pfv. a.*) – to earn; to deserve; to be worthy of

zastrašiti, ja zastrašim (*pfv. a.*) – to frighten

zastrašujuća (f) – frightening

zatražiti, ja zatražim (*pfv. a.*) – to demand

zauzeti borbeni stav – to take a fighting stance

zavidan, zavidna, zavidno (m/f/n) – envious

zavodljiv – seductive

zbilja – really

zbunjen (m) – confused

zdepasta (f) – stocky

zemaljski svijet – the world of the earth

zemlja – ground; earth

zla (f) → zao, zla, zlo (m/f/n) – evil

značenje – meaning

znak (pl. znakovi) – sign

znanje – knowledge

znanstvenik – scientist

znatiželja – curiosity

znatiželjniji (m) – more curious

znojiti se, ja se znojim – to sweat

zvan, zvana, zvano (m/f/n) – called

zvijezda – star; zvijezda repatica – tail star, comet

zvučnik – loudspeaker

Ž

žaljenje – regret

željezni (m) – made of iron

željezno doba – iron age

životinja – animal; životinjski svijet – animal kingdom

žuditi, ja žudim – to long for

Croatian made easy
Available from July 2024

Level 0: Easystarts (A1) – up to 400 words

Ana Bilić: Croatian Simple Sentences 1
paperback, e-book, audio book and interactive e-book with audio

Ana Bilić: Croatian Simple Sentences 2
paperback, e-book, audio book and interactive e-book with audio

READING BOOKS

Level 0: Easystarts (A1) – up to 400 words

Ana Bilić: My Long-Distance Relationship / Moja daleka ljubav
paperback, e-book, audio book and interactive e-book with audio

Ana Bilić: The Silver Lamp / Srebrna lampa
paperback, e-book, audio book and interactive e-book with audio

Ana Bilić: The Stone Vase / Kamena vaza
paperback, e-book, audio book and interactive e-book with audio

Level 1: Beginners (A1 – A2) – up to 800 words

Ana Bilić: The Extraordinary Challenge / Izuzetni izazov
paperback, e-book, audio book and interactive e-book with audio

Ana Bilić: A Definite Thing / Definitivna stvar
paperback and e-book

Ana Bilić: The Little Big Decision / Mala velika odluka
paperback and e-book

Level 2: Intermediate (A2) – up to 1200 words

Ana Bilić: Next to me / Kraj mene
paperback, e-book, audio book and interactive e-book with audio

Ana Bilić: The Stranger / Stranac
paperback and e-book

Level 3: Advanced (B1) – up to 1700 words

Ana Bilić: The Girlfriends / Prijateljice
paperback and e-book

Ana Bilić: Summer Holiday in Istria / Ljetovanje u Istri
paperback, e-book, audio book and interactive e-book

Ana Bilić: Departure / Odlazak
paperback and e-book

Level 4: Perfection (B2) – up to 2200 words

Ana Bilić: My Name is Monika – Part 1 / Moje ime je Monika – 1.

dio *paperback and e-book*

Ana Bilić: My Name is Monika – Part 2 / Moje ime je Monika – 2.
dio *paperback and e-book*

Ana Bilić: My Name is Monika – Part 3 / Moje ime je Monika – 3.
dio *paperback and e-book*

Level 5: Perfection Plus (C1) – up to 2800 words

Ana Bilić: The Encounter / Susret
paperback and e-book

Ana Bilić: The Date / Sastanak
paperback and e-book

Level 6: First Language (C2) – up to 3500 words

Ana Bilić: The Visit / Posjet
paperback and e-book

Ana Bilić: An Interesting Motive / Interesantan motiv
paperback and e-book

Level 7: Standard Literature - without vocabulary section

Snježana (Ana) Bilić: Život s voluharicama – nadrealne priče
paperback and e-book

Snježana (Ana) Bilić: Knjiga o Takama – bajke za odrasle
paperback and e-book

Ana Bilić: Ulica snova – fantastične priče
paperback and e-book

Ana Bilić: O jasnoći i drugim zabludama – pjesme
paperback and e-book

Please visit us on
www.croatian-made-easy.com
and learn more about other mini-novels and other learning material.
New books and digital media are published continuously.